INTERMITTIERENDES FASTEN

LECKERE REZEPTE FÜR DAS KURZZEITFASTEN – EINFACH GESUND ABNEHMEN OHNE DIÄT

Martina Rauch

1.Auflage 2016

ISBN: 1536970573
ISBN-13: 978-1536970579

HAFTUNGSAUSSCHLUSS

Die Inhalte dieses Buches wurden mit größter Sorgfalt erstellt. Für die Richtigkeit, Vollständigkeit und Aktualität der Inhalte können wir jedoch keine Gewähr übernehmen. Sie spiegeln die persönliche Meinung und Erfahrung des Autors wider. Der Autor übernimmt daher keine juristische Verantwortung oder Haftung für Schäden, die durch eventuelle Fehler oder kontraproduktive Ausübung durch den Leser entstehen. Dieses Buch ist eine Anleitung zu möglichen Erfolgsstrategien und keine Garantie für Erfolge. Der Autor übernimmt daher keine Verantwortung für das Nicht-Erreichen der im Buch beschriebenen Ziele. Dieses Buch enthält Links zu externen Webseiten Dritter, auf deren Inhalte wir keinen Einfluss haben. Deshalb können wir für diese fremden Inhalte auch keine Gewähr übernehmen. Für die Inhalte der verlinkten Seiten ist stets der jeweilige Anbieter oder Betreiber der Seiten verantwortlich. Die verlinkten Seiten wurden zum Zeitpunkt der Verlinkung auf mögliche Rechtsverstöße überprüft. Rechtswidrige Inhalte waren zum Zeitpunkt der Verlinkung nicht erkennbar. Eine permanente inhaltliche Kontrolle der verlinkten Seiten ist jedoch ohne konkrete Anhaltspunkte einer Rechtsverletzung nicht zumutbar. Bei Bekanntwerden von Rechtsverletzungen werden wir derartige Links umgehend entfernen.

INHALTSVERZEICHNIS

EINLEITUNG 1

STARK IN DEN TAG: FRÜHSTÜCKSIDEEN 7

Puten-Chilli-Sandwich mit selbstgemachter Joghurt-Guacamole 7
Pochierte Eier im Töpfchen 9
Sättigendes Porridge mit Rosinen und Cranberries 11
Frühstücks-Frittata mit Räucherlachs 12
Bunter Frühstücks-Burrito an Sommergemüse 14

FRISCHE SALATE & SUPPEN 16

Asiatische Garnelen-Miso-Suppe 16
Scharfe Wintersuppe mit Linsen und Tomaten 18
Portugiesische Gazpacho 20
Nizza-Salat mit frischem Wildlachs 22
Ruccola-Spargelsalat mit feinen Steakstreifen 24
Thailändischer Reisnudel-Salat mit Putenstreifen 26
Sommerlicher Kokos-Krautsalat 28
Bulgur-Feta-Salat „Orient Style“ 30

KÖSTLICHES MIT GEFLÜGEL, RIND & CO. 32

Putenburger „Asia“ mit eingelegtem Rotkohl 32
Indisches Putencurry „Madras“ 34
Saftiges One-Pot-Hühnchen mit Bohnen und scharfer Chorizo 36
One-Pot-Hühnchen an mediterranem Gemüse und Kartoffel-Nudeln. 38
Ofen-Hühnchen in mediterraner Zitronensauce 40
Balsamico-Hühnchen auf gerösteter Paprika und Couscous 42
Traditionelles Paprika-Gulasch 44
Schweinemedaillons mit Paprika-Beilage 46
Mediterrane Rinderhackpfanne „Tomate-Basilikum“ 48

Burger „Buffalo Style“ mit Blauschimmelkäse....................................50
Zucchini-Nudeln „Zoodles Bolognese“..52
Tatar-Cevapcici mit hausgemachtem Tzaziki und Tomaten...................54
Türkische Rinderhackbällchen 56
Saftige Fleischbällchen „Italia“ im Wrap 58
Scharfe Asia-Wokpfanne mit Entenbrust und grünem Gemüse............60
Saftige Lamm-Köfte auf Kohlsalat..62

FISCH & MEERESFRÜCHTE 64

Heilbuttfilets aus dem Bräter in marokkanischer Chermoula-Marinade 64
Spanische Fischpfanne mit grünen Bohnen.......................................66
Fisch-Pie mit Riesengarnelen und Gemüse 68
Fisch-Burger „Surf & Turf“ an Paprika-Mayonnaise 70
Schnell & Einfach: Garnelen-Curry 72

VEGETARISCHE LECKEREIEN & CURRYS 74

Auberginen-Curry in cremiger Kokos-Erdnusssauce 74
Lasagne-Röllchen mit Gemüsefüllung..76
Linsenauflauf mit frischem Gartengemüse..78
Indisches Erbsen-Dal mit geröstetem Blumenkohl...............................80
Schnelle Fladenbrotpizza mit Zucchini, Chilli und frischer Minze 82
Italienischer Penne-Auflauf mit dreierlei Käse 84
Veggie-Burger mit Kichererbsen-Reis-Patties 86
Gefüllte Auberginen an Quinoa und saisonalem Gemüse 88
Marokkanischer Kartoffeleintopf 90
Vegetarische „Banh Mi“-Frühlingsrollen mit Tofu 92
Gefüllte Tomaten mit Butternusskürbis-Risotto 94

SÜSSE VERFÜHRUNGEN 96

Tropischer Fruchtsalat 96
Knusprige Haferflockenriegel mit Bananen und Erdbeer-Topping 98
Joghurt-Biskuitrolle mit tropischen Früchten.....................................100
Frozen Yoghurt mit Kokosnuss und Beeren der Saison 102
Vanille-Schichtkuchen mit gelierten Erdbeeren 103

KAPITEL 1

EINLEITUNG

Was bedeutet „intermittierendes Fasten"?

Beim unterbrochenen (intermittierenden) Fasten wechseln sich Phasen der Nahrungsaufnahme mit klar definierten Phasen des Verzichts ab. Ähnliche Varianten sind aus der Religion (Ramadan), aus dem Leistungssport und vom Militär bekannt .

Statt vollständig zu verzichten, kann die Kalorienzufuhr auch erheblich eingeschränkt werden. ***Dieses Buch enthält passend dazu mehr als 50 leckere und gesunde Rezepte unter 500 Kalorien.***

Die verschiedenen Varianten des intermittierenden Fastens:

36:12 – Es wird jeden zweiten Tag gefastet. Am ersten Tag darf von 8.00-20.00 Uhr normal gegessen werden, ab dem Abend und bis zum übernächsten Morgen wird gefastet.

20:4 – Pro Tag gibt es ein Zeitfenster von vier Stunden, in dem gegessen werden darf. In den restlichen 20 Stunden wird gefastet. Diese Methode sollte nur über einen kurzen Zeitraum angewandt werden.

16:8 – Innerhalb eines Zeitfensters von acht Stunden darf gegessen werden. Beispielsweise kann hier zur Mittagszeit mit einem späten Frühstück gestartet und am Abend um 20:00 Uhr mit der letzten Mahlzeit abgeschlossen werden.

5:2 – Die beliebteste Form des intermittierenden Fastens ist die 5:2-Diät. An zwei Tagen in der Woche wird gefastet oder die Kalorienmenge stark reduziert, an den fünf anderen Tagen darf normal gegessen werden.

Welche Vorteile bietet das intermittierende Fasten für Körper und Psyche?

Das intermittierende Fasten ist dazu in der Lage den Blutzucker- und Insulinspiegel zu senken und damit einer Diabetes vorzubeugen .

Es kann zudem die Anzahl der Wachstumshormone im Körper erhöhen. Wachstumshormone fördern den Aufbau von Muskeln, regulieren den Körperfettanteil und beeinflussen die Gesundheit der Knochen.

Es kann Blutdruck und Cholesterinspiegel langfristig erfolgreich senken.

Es kann zu einer bewussteren und disziplinierteren Lebensweise beitragen.

Auf Dauer kann das intermittierende Fasten die Konzentration und Leistungsfähigkeit positiv beeinflussen.

Was darf außerhalb der Fastenzeiten gegessen werden?

Es wird empfohlen außerhalb der Fastenzeiten nicht mehr als 2.000 Kalorien/ Tag zu sich zu nehmen. Da die Aufnahme an wichtigen Ballaststoffen, Fetten, Eiweißen und Mineralstoffen während der Fastentage stark reduziert ist, sollte auch außerhalb der Fastenzeit auf eine gesunde, ausgewogene Ernährung geachtet werden.

Wertvolle Proteine- Lebensmittel voller Proteine und mit geringem Fettanteil sind essentieller Bestandteil einer gesunden Ernährung. Dazu gehören zum Beispiel Eier, mageres Geflügel, Rind, weißer Fisch, Bohnen, Linsen, Tofu, Nüsse und Samen.

Vollkornprodukte – Weißmehlprodukte sollten weitestgehend vermieden werden, da sie kaum über wertvolle Inhaltsstoffe verfügen. Vollkornbrot, Vollkornpasta, brauner Reis und Haferflocken sind dagegen sehr gesund.

Obst und Gemüse satt – Obst und Gemüse enthält meistens nur wenige Kalorien und darf daher in größeren Mengen verzehrt werden. Außerdem liefern sie wichtige Mineralstoffe, Vitamine und Antioxidantien.

Hochwertige Fette und Öle – Während der Fastentage dürfen Fette und Öle nur in kleinsten Mengen aufgenommen werden. Daher sind sie an den restlichen Tagen umso wichtiger. Sie kommen hauptsächlich in Avocados, Nüssen, Samen, Lachs, Makrelen, Heilbutt und Thunfisch vor.

Acht wertvolle Tipps zum Intermittierenden Fasten:

1. ***Fastentage mit Bedacht wählen!*** **–** Die beiden Fastentage sollten mit Bedacht gewählt werden und an die persönliche Situation angepasst werden. Tage, an denen besondere Events oder Verabredungen zum gemeinsamen Essen anstehen, eignen sich nicht.

2. ***Einkaufslisten schreiben!*** **–** Das Schreiben von Einkaufszetteln und die genaue Planung der wöchentlichen Menüs verhindert Notfallsituationen, in denen gerne zu Convenience-Produkten gegriffen wird.

3. ***Kalorien sind nicht gleich Kalorien!*** **–** An den Fastentagen sollte auf wertvolle Kalorien geachtet werden. Viele Proteine, wertvolle Fette und Mineralstoffe geben Kraft für den Tag. Sie kommen beispielsweise in Hühnchen, weißem Fisch, Eiern und Gemüse vor.

4. ***Viel trinken lenkt vom Heißhunger ab!*** **–** Wasser, Kräutertees und Detox-Wasser mit verschiedenen Früchten verdrängen den störenden Heißhunger.

5. ***Unterstützung suchen!*** **–** Zu zweit, in der Gruppe oder mit der Familie lässt es sich leichter fasten.

6. ***Frischer Minzgeschmack!*** **-** ...hilft gegen die Lust nach Süßem am Abend. Nach der letzten Mahlzeit einfach einen Pfefferminzkaugummi kauen, ein Minz-Bonbon lutschen oder gleich die Zähne putzen.

7. ***Für ausreichend Beschäftigung sorgen!*** **–** Werden turbulente Tage als Fastentage gewählt, vergeht die Zeit schneller und der ständige Gedanke an Essen bleibt mit großer Wahrscheinlichkeit aus.

KAPITEL 2

STARK IN DEN TAG: FRÜHSTÜCKS-IDEEN

Puten-Chilli-Sandwich mit selbstgemachter Joghurt-Guacamole

Nährwertangaben pro Portion

Kcal:	385 kcal
Kohlenhydrate:	27,9 g
Fett:	23 g
Eiweiß:	39,1 g

Zutaten für 1 Portion

1 El	Olivenöl
1	Bio-Limette, ausgepresst
1 Bund	Frischer Koriander, kleingehackt
1 Zehe	Knoblauch, gepresst
1	Rote Chilischote, kleingehackt
n.B.	Ingwer, gerieben
1	Putenbrustfilet
1 El	Griechischer Joghurt
½	Avocado
1	Vollkorntoast, getoastet
3-4 Blätter	Salat nach Belieben
2-3 Scheiben	Tomate

Zubereitung

Olivenöl, die Hälfte des Limettensafts, die Hälfte des Korianders und die Hälfte des Knoblauchs in einen Mixer geben und auf höchster Stufe verblenden.

Die Schale der Limette, Chili und Ingwer hinzufügen und für weitere 2-3 Sekunden vermischen. Mit Salz und Pfeffer abschmecken.

Die Marinade in eine kleine Schüssel füllen und das Putenbrustfilet darin wenden. Für 20-30 Minuten zum Marinieren in den Kühlschrank stellen.

Den Rest des Limettensafts, des Korianders und des Knoblauchs in eine Schüssel geben. Die Avocado schälen, entsteinen und mithilfe einer Gabel zerdrücken. Mit den anderen Zutaten vermengen. Joghurt hinzufügen und mit Salz und Pfeffer abschmecken.

Eine kleine Pfanne erhitzen und das Putenbrustfilet von beiden Seiten für 4 Minuten scharf anbraten.

Den Toast mit der Guacamole bestreichen, mit Salat, Tomaten und Putenbrustfilet belegen und sofort genießen .

Pochierte Eier im Töpfchen

Nährwertangaben pro Portion

Kcal:	245 kcal
Kohlenhydrate:	15 g
Fett:	7,2 g
Eiweiß:	11,9 g

Zutaten für 2 Portionen

75 g	Babyspinat
4 El	Creme Fraiche
2	Eier
n.B.	Schwarzer Pfeffer
25 g	Räucherlachs
2 Scheiben	Vollkorntoast

Außerdem:
Zwei ofenfeste Förmchen , (circa 9 cm Durchmesser)

Zubereitung

Den Backofen auf 180° C vorheizen.

Den Babyspinat waschen und in ein mikrowellenfestes Gefäß geben. Anschließend auf höchster Stufe für circa 30 Sekunden erhitzen, bis er in sich zusammenfällt. Die überflüssige Flüssigkeit abgießen und den Spinat beiseitestellen.

Creme Fraiche und Babyspinat auf die beiden Förmchen aufteilen.

In beide Förmchen jeweils ein Ei aufschlagen und mit Salz und schwarzem Pfeffer würzen.

Die Förmchen auf ein tiefes Backblech stellen und das Backblech zur Hälfte mit Wasser befüllen.

Die pochierten Eier für 15 Minuten backen, bis das Eiweiß fest und das Eigelb noch fast flüssig ist.

Jedes Töpfchen mit etwas Räucherlachs garnieren und mit einer frisch getoasteten Scheibe Vollkorntoast servieren.

Sättigendes Porridge mit Rosinen und Cranberries

Nährwertangaben pro Portion

Kcal:	176 kcal
Kohlenhydrate:	8 g
Fett:	3,5 g
Eiweiß:	13,9 g

Zutaten für 1 Portion

30 g	Porridge-Haferflocken
100 ml	Milch, fettreduziert
1 Tl	Vanilleextrakt
1 Tl	Rosinen
1 Tl	Cranberries, getrocknet

Zubereitung

Porridge-Haferflocken, Milch, Vanilleextrakt, Rosinen und Cranberries in ein mikrowellenfestes Gefäß geben und mit 100 Mililiter Wasser auffüllen.

Das Porridge für circa 3 Minuten in der Mikrowelle kochen, nach der Hälfte der Zeit einmal gut umrühren.

Warm oder abgekühlt genießen.

Frühstücks-Frittata mit Räucherlachs

Nährwertangaben pro Portion

Kcal:	210 kcal
Kohlenhydrate:	7,3 g
Fett:	12,9 g
Eiweiß:	19 g

Zutaten für 8-10 Portionen

250 g	Räucherlachs
10	Eier
65 ml	Milch
¼ Tl	Salz
¼ Tl	Schwarzer Pfeffer
125 g	Ziegenkäse, zerkrümelt
1 Bund	Schnittlauch, kleingehackt
1 El	Olivenöl

Zubereitung

Den Backofen auf 180° C vorheizen.

Den Räucherlachs in mundgerechte Stücke schneiden.

Eier, Milch, Salz und schwarzen Pfeffer in einer kleinen Schüssel verquirlen.

Räucherlachs, Ziegenkäse und Schnittlauch unter die Ei-Mischung rühren.

Olivenöl in einer großen, feuerfesten Pfanne erhitzen und die Ei-Mischung in die Pfanne gießen. Gleichmäßig auf dem

Boden der Pfanne verteilen.

Die Frittata für circa eine Minute anbraten, die Pfanne anschließend in den vorgeheizten Backofen stellen und für 25-30 Minuten goldbraun backen.

Die Frittata für mindestens 5 Minuten in der Pfanne abkühlen lassen, vorsichtig von der Pfanne auf einen großen Teller gleiten lassen und in 8-10 Portionen teilen. Warm genießen.

Bunter Frühstücks-Burrito an Sommergemüse

Nährwertangaben pro Portion

Kcal:	99 kcal
Kohlenhydrate:	7,3 g
Fett:	9 g
Eiweiß:	15,1 g

Zutaten für 1 Portion

2	Eiweiss
2 El	Olivenöl
½	Rote Paprika, in Streifen geschnitten
1	Tomate, gewürfelt
2 El	Kidneybohnen, aus der Dose
¼	Rote Chilischote, kleingehackt
1 El	Frischer Koriander, kleingehackt
1/8	Zitrone

Zubereitung

Den Backofen auf 200° C vorheizen.

Eiweiß in einer Rührschüssel mit zwei Esslöffeln Wasser verquirlen.

Einen Esslöffel Olivenöl in einer feuerfesten Pfanne erhitzen und das Eiweiß in die Pfanne gießen. Darauf achten, dass der Boden der Pfanne vollständig bedeckt ist.

Die Pfanne in den Ofen stellen und den Burrito für weitere 4-5 Minuten goldbraun backen. Aus dem Backofen nehmen und den Burrito fast vollständig abkühlen lassen.

Das restliche Olivenöl in der Pfanne erhitzen, Paprikastreifen hinzufügen und für 3-4 Minuten weich kochen.

Zwei Teelöffel Wasser, Tomate, Kidneybohnen und Chili hinzufügen und für weitere 5 Minuten köcheln lassen.

Den abgekühlten Burrito mit der Paprika-Mischung und frischem Koriander belegen und zuklappen.

Frühstücks-Burrito mit einer Zitronenspalte garnieren und umgehend servieren.

KAPITEL 3

FRISCHE SALATE & SUPPEN

Asiatische Garnelen-Miso-Suppe

Nährwertangaben pro Portion

Kcal:	255 kcal
Kohlenhydrate:	39 g
Fett:	2,5 g
Eiweiß:	16 g

Zutaten für 1 Portion

2 El	Miso-Gewürzpaste
4	Shiitakepilze, geviertelt
50 g	Pak Choi, in Scheiben geschnitten
50 g	Riesengarnelen, geschält
35 g	Asiatische Soba-Nudeln
1 El	Sojasauce
1 El	Koriander. kleingehackt
½	Rote Chilli, kleingehackt

Zubereitung

500 Mililiter Wasser in einem Topf zum Kochen bringen. Die Miso-Paste unterrühren.

Shiitakepilze und Pak Choi hinzufügen und für 4-5 Minuten köcheln lassen, bis beides weich ist.

Riesengarnelen schälen, hinzufügen und für 1-2 Minuten in

der Suppe köcheln lassen.

Die Suppe von der Herdplatte nehmen, Soba-Nudeln und Sojasauce hinzufügen und nach Bedarf mit Salz und Pfeffer abschmecken.

Die Garnelen-Miso-Suppe auf tiefen Tellern anrichten, mit Koriander und Chili garnieren und heiß servieren .

Scharfe Wintersuppe mit Linsen und Tomaten

Nährwertangaben pro Portion

Kcal:	440 kcal
Kohlenhydrate:	7,4 g
Fett:	9,5 g
Eiweiß:	14,2 g

Zutaten für 4 Portionen

1 Tl	Olivenöl
1	Zwiebel, fein gewürfelt
1 Zehe	Knoblauch, kleingehackt
Etwas	Ingwer, gerieben
2 Tl	Kreuzkümmel
1 Tl	Kurkuma
150 g	Rote Linsen
400 g	Gestückelte Tomaten, aus der Dose
1,5 l	Gemüsebrühe
25 g	Frischer Koriander, kleingehackt
n.B.	Salz und schwarzer Pfeffer

Zubereitung

Olivenöl in einem großen Topf erhitzen und Zwiebel und Knoblauch glasig dünsten, bis die Zwiebel weich ist. Den Ingwer unterrühren.

Kreuzkümmel und Kurkuma hinzufügen und gut verrühren.

Rote Linsen, gestückelte Tomaten und Gemüsebrühe in den Topf füllen und aufkochen lassen.

Die Hitze reduzieren und die Wintersuppe zugedeckt für mindestens 30 Minuten köcheln lassen. Ab und zu umrühren.

Kurz vor dem Servieren den Koriander unterrühren und mit Salz und Pfeffer abschmecken.

Die Suppe auf tiefen Tellern anrichten und heiß genießen.

Portugiesische Gazpacho

Nährwertangaben pro Portion

Kcal:	129 kcal
Kohlenhydrate:	9 g
Fett:	6,4 g
Eiweiß:	11 g

Zutaten für 4 Portionen

1 kg	Tomaten, sehr reif, grob gehackt
1	Rote Paprika, grob gehackt
1	Grüne Paprika, grob gehackt
½	Rote Zwiebel, fein gewürfelt
1 Zehe	Knoblauch, gepresst
1	Rote Chilischote (optional), kleingehackt
½	Salatgurke, gewürfelt
65 g	Sauerteig-Brot, gewürfelt
1-2 El	Sherry-Essig
1 El	Frische Minze, kleingehackt
1 El	Olivenöl
n.B.	Salz und schwarzer Pfeffer

Zubereitung

Tomaten, rote und grüne Paprika, Zwiebel, Knoblauch, Chili, die Hälfte der Salatgurke, Sauerteig-Brot, Minze und Olivenöl in einen großen Mixer füllen. Die Hälfte der Gurkenwürfel beiseitestellen.

Die Zutaten auf höchster Stufe gründlich verblenden.

Die Gazpacho mit Salz und Pfeffer abschmecken und den Sherry-Essig unterrühren.

Suppe in ein verschließbares Gefäß füllen und für mindestens eine Stunde im Kühlschrank kalt stellen.

Die Gazpacho auf vier Schälchen aufteilen, mit den restlichen Gurkenwürfeln und frischer Minze garnieren, einige Tropfen Olivenöl darüberträufeln und kalt genießen.

Nizza-Salat mit frischem Wildlachs

Nährwertangaben pro Portion

Kcal:	240 kcal
Kohlenhydrate:	7,9 g
Fett:	6,5 g
Eiweiß:	13 g

Zutaten für 4 Portionen

Für den Salat:

300 g	Wildlachsfilet
100 g	Römersalat
200 g	Neue Kartoffeln, gekocht und gewürfelt
200 g	Grüne Bohnen, gekocht
1	Rote Zwiebel, in Scheiben geschnitten
4	Tomaten, gewürfelt
8-10	Schwarze Oliven, halbiert

Für das Dressing:

1	Bio-Zitrone
1 El	Frischer Thymian, kleingehackt
1 El	Dijon-Senf
n.B.	Salz und schwarzer Pfeffer

Zubereitung

Olivenöl in einer Pfanne erhitzen. Das Wildlachsfilet mit schwarzem Pfeffer würzen und für 2-3 Minuten von beiden Seiten braten.

Römersalat, Kartoffeln, Bohnen, Zwiebeln und Tomaten in eine Salatschüssel geben und grob vermengen.

Den Wildlachs in breite Streifen schneiden und über dem Gemüse verteilen.

Zitronensaft, Zitronenschale, Thymian, Senf, Salz und Pfeffer in einer kleinen Schüssel verrühren und über den Salat geben.

Den Nizza-Salat auf Tellern anrichten, mit Oliven und frischen Thymianblättern garnieren und umgehend servieren.

Ruccola-Spargelsalat mit feinen Steakstreifen

Nährwertangaben pro Portion

Kcal:	250 kcal
Kohlenhydrate:	11 g
Fett:	8,6 g
Eiweiß:	32,5 g

Zutaten für 2 Portionen

250 g	Rumpsteak, mager
6 Stangen	Grüner Spargel
65 g	Rucola
4	Rote Beete, gekocht
1 El	Meerrettich-Sahne
2 El	Creme Fraiche, light
1	Bio-Zitrone

Zubereitung

Rote Beete in feine Scheiben schneiden. Rucola waschen und zusammen mit der roten Beete beiseitestellen.

Eine beschichtete Pfanne erhitzen und das Rumpsteak mit Salz und Pfeffer würzen.

Das Fleisch von beiden Seiten für 3-4 Minuten anbraten, aus der Pfanne nehmen, in dünne Scheiben schneiden und beiseitestellen.

Spargel putzen, waschen, die Enden entfernen und die Spargelstangen für 3-4 Minuten anbraten. Ebenfalls beiseitestellen.

Meerettich-Sahne, Creme-Fraiche und den Saft einer Zitrone in einer Schüssel verrühren. Nach Bedarf mit Salz und Pfeffer würzen.

Eine Platte mit den Steakstreifen, Spargelstangen, Rucolasalat und roter Beete anrichten und das Dressing darüber verteilen.

Die Zitrone reiben und den Salat mit der Zitronenschale garnieren. Umgehend servieren.

Thailändischer Reisnudel-Salat mit Putenstreifen

Nährwertangaben pro Portion

Kcal:	182 kcal
Kohlenhydrate:	17,5 g
Fett:	3,8 g
Eiweiß:	17,5 g

Zutaten für 2 Portionen

1	Putenbrustfilet
1 El	Grüne Currypaste
65 g	Reisnudeln, gekocht
1	Frühlingszwiebel, in Scheiben geschnitten
2	Karotten, geraspelt
1 ½	Rote Chilischote, kleingehackt
½	Salatgurke, fein gewürfelt
½ Bund	Frischer Koriander, kleingehackt
½ Bund	Frische Minze, kleingehackt

Für das Kokos-Limetten-Dressing:

2	Bio-Limetten, ausgepresst
2 El	Kokosmilch
1 Tl	Fischsauce
½	Rote Chilischote, kleingehackt

Zubereitung

Das Putenbrustfilet gründlich mit der grünen Currypaste einreiben.

Etwas Olivenöl in einer kleinen Pfanne erhitzen und das Fleisch für 4 Minuten von jeder Seite goldbraun braten.

Limettensaft- und -schale, Kokosmilch, Fischsauce und Chili in einer kleinen Schüssel miteinander verrühren.

Reisnudeln, Frühlingszwiebeln, Karotten, Chili, Salatgurke, Koriander und Minze in eine Salatschüssel geben und die Hälfte des Dressings unterrühren. Die Mischung auf zwei tiefe Teller aufteilen.

Das Putenbrustfilet in feine Streifen schneiden und über dem Salat verteilen. Das restliche Dressing über das Fleisch träufeln und umgehend servieren.

Sommerlicher Kokos-Krautsalat

Nährwertangaben pro Portion

Kcal:	120 kcal
Kohlenhydrate:	13 g
Fett:	6 g
Eiweiß:	9,5 g

Zutaten für 8 Portionen

4	Karotten
1 Kopf	Rotkohl
1	Fenchel
1 Stange	Sellerie
4	Frühlingszwiebeln
2	Bio-Zitronen
1 El	Dijon-Senf
320 ml	Kokoscreme
6 El	Frischer Koriander, kleingehackt

Außerdem:
Julienne-Messer

Zubereitung

Karotten waschen, schälen und mithilfe eines Julienne-Messers zu Karotten-„Spaghetti“ verarbeiten.

Das restliche Gemüse ebenfalls waschen. Rotkohl in feine Streifen schneiden, Fenchel und Sellerie in dünne Scheiben schneiden und die Frühlingszwiebeln in feine Ringe schneiden.

Den Saft zweier Zitronen, Dijon-Senf, Kokoscreme und Koriander in eine kleine Schüssel geben und verrühren.

Das Gemüse in eine große Salatschüssel füllen, das Dressing über dem Gemüse verteilen und unterrühren.

Den Salat auf tiefen Tellern anrichten, nach Belieben mit Kokosflocken und Zitronenspalten garnieren und umgehend servieren.

Bulgur-Feta-Salat „Orient Style“

Nährwertangaben pro Portion

Kcal:	235 kcal
Kohlenhydrate:	23,1 g
Fett:	5,8 g
Eiweiß:	9 g

Zutaten für 8 Portionen

100 g	Bulgur
1 Kopf	Römersalat
250 g	Feta-Käse
2	Pita-Brote
3	Zitronen, ausgepresst
3 El	Olivenöl
1	Rote Zwiebel
225 g	Kirschtomaten
1 Handvoll	Frischer Koriander, kleingehackt
1 Handvoll	Frische Petersilie, kleingehackt
125 g	Granatapfelkerne

Zubereitung

Salzwasser in einem Topf zum Kochen bringen, den Bulgur hinzufügen und nach Packungsanweisung zubereiten. Das Kochwasser anschließend abgießen und den Bulgur beiseitestellen und abkühlen lassen.

Das Gemüse waschen. Den Römersalat in mundgerechte Stücke zerteilen, den Feta grob zerkrümeln und die Pita-Brote in mundgerechte Stücke reißen. Salat, Käse und Brot in eine Salatschüssel geben und verrühren.

Den abgekühlten Bulgur mit Zitronensaft und Olivenöl würzen und abschmecken. Anschließend zu den anderen Zutaten in die Salatschüssel geben.

Rote Zwiebel schälen und in feine Scheiben schneiden, die Kirschtomaten halbieren. Zwiebel und Tomaten unterrühren.

Den Salat mit frischem Koriander, frischer Petersilie und Granatapfelkernen garnieren und sofort servieren.

KAPITEL 4

KÖSTLICHES MIT GEFLÜGEL, RIND & CO.

Putenburger „Asia“ mit eingelegtem Rotkohl

Nährwertangaben pro Portion

Kcal:	231 kcal
Kohlenhydrate:	16,6 g
Fett:	2,8 g
Eiweiß:	33,2 g

Zutaten für 4 Portionen

½ Kopf	Rotkohl, in feine Streifen geschnitten
1	Limette. ausgepresst
3 El	Reisweinessig
4	Putenbrustfilets, gewürfelt
Etwas	Ingwer, gerieben
1 Bund	Frischer Koriander, kleingehackt
½ Stange	Zitronengras
1 Tl	Sesamöl
2 El	Sriracha-Sauce
4 El	Paniermehl
1 Tl	Sojasauce
Einige	Salatblätter nach Belieben

Zubereitung

Den Backofen auf 220° C vorheizen.

Rotkohl, Limettensaft, Reisweinessig in einer großen Schüssel vermengen, mit Salz und Pfeffer abschmecken und für 20-25 Minuten bei Raumtemperatur ziehen lassen.

Putenbrustfilets, Ingwer, Koriander und Zitronengras in einen Mixer geben und auf höchster Stufe für einige Sekunden verblenden und zerkleinern. Sesamöl, Sriracha, Paniermehl und Sojasauce unterrühren.

Aus der Masse vier gleich große Burger-Patties formen, die Patties auf ein mit Backpapier ausgelegtes Backblech legen und für 15-18 Minuten goldbraun backen.

Die fertigen Patties auf den Salatblättern platzieren, den marinierten Rotkohl darüber verteilen und umgehend genießen.

Indisches Putencurry „Madras“

Nährwertangaben pro Portion

Kcal:	210 kcal
Kohlenhydrate:	25,6 g
Fett:	7,9 g
Eiweiß:	28,3 g

Zutaten für 4 Portionen

2	Zwiebeln, gewürfelt
2 Zehen	Knoblauch, kleingehackt
Etwas	Ingwer
3	Grüne Chilischoten
Etwas	Erdnussöl
750 g	Putenbrustfilets, gewürfelt
400 g	Geschälte Tomaten, aus der Dose
1 Bund	Frischer Koriander, kleingehackt
1 El	Koriander, getrocknet
1 Tl	Kreuzkümmel
1 Tl	Fenchelsamen
2 Tl	Bockshornklee
5 Zehen	Knoblauch, gepresst
1 Tl	Schwarze Pfefferkörner
2	Rote Chilischoten, getrocknet

Zubereitung

Getrockneten Koriander, Kümmel, Fenchelsamen, Bockshornklee, schwarze Pfefferkörner, Knoblauch und Chili in einer Pfanne anrösten, anschließend vollständig abkühlen lassen und in einem Mixer auf höchster Stufe verblenden. Beiseitestellen.

Zwiebel, Knoblauch, Ingwer und grüne Chilischoten in den Mixer geben und zu einer feinen Paste verarbeiten.

Erdnussöl in einer Pfanne erhitzen und die Zwiebelpaste für 4-5 Minuten rösten. Putenbrustfilets hinzufügen und mit der Paste bedecken. Das Fleisch für 3-4 Minuten von beiden Seiten goldbraun braten. Die Gewürzmischung hinzufügen und für weitere 2-3 Minuten braten.

Geschälte Tomaten und etwas Wasser hinzufügen und das Curry aufkochen lassen. Die Hitze reduzieren und das Putencurry zugedeckt für 40-45 Minuten köcheln lassen.

Das Curry auf tiefen Tellern anrichten, mit frischem Koriander garnieren und mit braunem Reis und Fladenbroten servieren.

Saftiges One-Pot-Hühnchen mit Bohnen und scharfer Chorizo

Nährwertangaben pro Portion

Kcal:	247 kcal
Kohlenhydrate:	10,5 g
Fett:	7,5 g
Eiweiß:	32,5 g

Zutaten für 2 Portionen

4	Hühnerunterkeulen
Etwas	Olivenöl
1	Rote Zwiebel, in Scheiben geschnitten
100 ml	Hühnerbrühe
1	Chorizo, in Scheiben geschnitten
½ Tl	Rosmarin, kleingehackt

Zubereitung

Den Backofen auf 200° C vorheizen.

Die Zwiebelscheiben zwischen die Hühnchenschenkel stecken und die Schenkel auf einem mit Olivenöl eingeölten, tiefen Backblech verteilen. Gründlich salzen und pfeffern.

Die Hühnerbrühe in das Backblech gießen und die Hühnerschenkel für 25-30 Minuten goldbraun backen.

Chorizo zwischen den Hühnerschenkeln verteilen und für weitere 15 Minuten backen.

Das One-Pot-Hühnchen mit Rosmarin würzen, alles

gründlich verrühren, auch die Zwiebeln unter die restlichen Zutaten rühren und für weitere 5-10 Minuten backen.

Das Gericht auf tiefen Tellern anrichten, mit frischen Zitronenspalten garnieren und servieren.

One-Pot-Hühnchen an mediterranem Gemüse und Kartoffel-Nudeln

Nährwertangaben pro Portion

Kcal:	274 kcal
Kohlenhydrate:	15 g
Fett:	12 g
Eiweiß:	26,4 g

Zutaten für 4 Portionen

500 g	Putenbrustfilets, gewürfelt
n.B.	Salz und Pfeffer
½ Tl	Olivenöl
½	Zwiebel, fein gewürfelt
1	Rote Paprika, in Streifen geschnitten
¼ Tl	Paprika, edelsüß
1 Zehe	Knoblauch, gepresst
200 g	Kirschtomaten, halbiert
1-2	Rote Kartoffeln
125 ml	Hühnerbrühe
¼ Tl	Chiliflocken
½ Tl	Frischer Thymian, kleingehackt
100 g	Schwarze Oliven
1 ½ El	Frische Petersilie, kleingehackt

Außerdem:

Spiralschneider oder Julienne-Messer

Zubereitung

Die roten Kartoffeln mithilfe eines Spiralschneiders oder Julienne-Messers zu „Spaghetti" schneiden.

Putenbrustfilets mit Salz und Pfeffer würzen.

Olivenöl in einer tiefen Pfanne erhitzen und die Putenbrustfilets für 4-5 Minuten von beiden Seiten goldbraun braten.

Zwiebel, Paprika und Paprikapulver hinzufügen und für 2-3 Minuten mitbraten. Anschließend Knoblauch, Kirschtomaten, Hühnerbrühe, Chiliflocken, Thymian, Salz und Pfeffer in die Pfanne geben und unterrühren.

Das Gericht aufkochen lassen, die Hitze reduzieren und zugedeckt für 5-7 Minuten köcheln lassen.

Kartoffel-Nudeln unterrühren und das One-Pot-Hühnchen für weitere 10 Minuten köcheln lassen.

Das One-Pot-Hühnchen auf tiefen Tellern anrichten, mit Oliven und frischer Petersilie garnieren und heiß servieren.

Ofen-Hühnchen in mediterraner Zitronensauce

Nährwertangaben pro Portion

Kcal:	154 kcal
Kohlenhydrate:	17 g
Fett:	15,9 g
Eiweiß:	13 g

Zutaten für 6 Portionen

6	Hähnchenkeulen
1 Tl	Kurkuma
1 Tl	Kreuzkümmel
1 Tl	Koriander, getrocknet
½ Tl	Cayenne-Pfeffer
3 Zehen	Knoblauch
2 El	Olivenöl
4	Zwiebeln, in Scheiben geschnitten
1 Prise	Safran
3	Bio-Zitronen
65 g	Grüne Oliven
1 El	Frische Petersilie, kleingehackt

Zubereitung

Den Backofen auf 140° C vorheizen.

Hähnchenkeulen, Kurkuma, Kümmel, Koriander, Cayenne-Pfeffer, Knoblauch und Olivenöl in einen ZIP-Beutel füllen, mit den Händen sorgfältig die Zutaten in das Hähnchen einmassieren und im Beutel für 1-4 Stunden zum Marinieren in den Kühlschrank legen.

Olivenöl in einer Pfanne erhitzen und die marinierten Keulen für 2-3 Minuten je Seite goldbraun braten.

Zwei Zitronen in feine Scheiben schneiden. Eine Zitrone auspressen und die Schale abreiben.

Die Hähnchenkeulen auf dem Boden einer Auflaufform verteilen. 200 Mililiter Wasser, Zwiebeln, Safran, Zitronenscheiben, Zitronensaft, Zitronenschale und Oliven zwischen den Hähnchenkeulen verteilen und grob vermengen.

Die Auflaufform mit Alufolie abdecken und das Ofen-Hühnchen für 35-40 Minuten backen.

Das Ofen-Hühnchen mit Zitronensauce auf tiefen Tellern anrichten und mit frischer Petersilie garnieren.

Balsamico-Hühnchen auf gerösteter Paprika und Couscous

Nährwertangaben pro Portion

Kcal:	231 kcal
Kohlenhydrate:	16 g
Fett:	11 g
Eiweiß:	14,3 g

Zutaten für 4 Portionen

4	Putenbrustfilets
1 El	Olivenöl
2 Zehen	Knoblauch, halbiert
1	Rote Paprika, in Streifen geschnitten
1	Gelbe Paprika, in Streifen geschnitten
2 Zehen	Knoblauch, halbiert
3-4 Zweige	Thymian
65 g	Couscous
1 Päckchen	Hühnerbouillon
1 El	Balsamico-Essig
1 Handvoll	Rucola

Zubereitung

Putenbrustfilets mit Salz und schwarzem Pfeffer würzen, mit etwas Olivenöl bestreichen und den Knoblauch über das Fleisch reiben.

Die Putenbrustfilets in einer beschichteten Grillpfanne bei mittlerer Hitze für 8-10 Minuten braten. Eventuell nach der Hälfte der Bratzeit wenden.

Olivenöl in einer separaten Pfanne erhitzen, Paprika, den restlichen Knoblauch und Thymian hinzufügen und für 5 Minuten weich kochen. Ab und zu umrühren.

Zwei Esslöffel Wasser und die Hühnerbouillon in die Pfanne geben, unterrühren, die Hitze reduzieren und das Gemüse zugedeckt für weitere 15 Minuten köcheln lassen.

Den Couscous nach Packungsanweisung zubereiten.

Balsamico-Essig unter das Gemüse rühren und für 2-3 Minuten reduzieren lassen.

Den fertigen Couscous auf tiefen Tellern anrichten, die Putenbrustfilets über dem Couscous verteilen und mit dem Balsamico-Gemüse toppen.

Das Gericht mit frischem Rucola garnieren und umgehend servieren.

Traditionelles Paprika-Gulasch

Nährwertangaben pro Portion

Kcal:	251 kcal
Kohlenhydrate:	21 g
Fett:	12,3 g
Eiweiß:	7,9 g

Zutaten für 4 Portionen

1 El	Olivenöl
400 g	Schweinefilets, gewürfelt
1 Stange	Sellerie, gewürfelt
1	Zwiebel, fein gewürfelt
2 Tl	Paprika, edelsüß
500 g	Tomaten-Passata mit Knoblauch und
Gewürzen	
200 g	Kartoffeln, geschält und geviertelt
250 g	Knollensellerie, gewürfelt
200 g	Naturjoghurt, fettreduziert

Zubereitung

Den Backofen auf 190° C vorheizen.

Olivenöl in einer feuerfesten Casserolle erhitzen, Schweinefiletwürfel mit Salz und Pfeffer würzen und für 5 Minuten scharf anbraten.

Zwiebel, Paprika und Paprikapulver hinzufügen und für 2-3 Minuten mitbraten.

Tomaten-Passata, Sellerie, Knollensellerie, Kartoffeln und

350 Mililiter Wasser in die Casserolle geben und aufkochen lassen.

Die Hitze reduzieren und das Gulasch zugedeckt für 35-40 Minuten köcheln lassen, bis das Fleisch und die Kartoffeln gar sind.

Das Gulasch auf tiefen Tellern anrichten, mit einem Esslöffel Naturjoghurt garnieren und heiß servieren.

Schweinemedaillons mit Paprika-Beilage

Nährwertangaben pro Portion

Kcal:	184 kcal
Kohlenhydrate:	6,9 g
Fett:	6,5 g
Eiweiß:	24 g

Zutaten für 4 Portionen

400 g	Schweinefilets
1 El	Olivenöl
2	Rote Paprika, in Streifen geschnitten
1	Rote Zwiebel, in feine Scheiben geschnitten
2 Zehen	Knoblauch, gepresst
250 ml	Hühnerbrühe
2 Zweige	Frischer Thymian, kleingehackt
1 El	Rotweinessig
1 Tl	Paprika, edelsüß
n.B.	Frische Petersilie, kleingehackt

Zubereitung

Die Schweinefilets von überschüssigem Fett befreien und in zwölf gleich große Medaillons schneiden. Von beiden Seiten mit Salz und schwarzem Pfeffer würzen.

Olivenöl in einer Pfanne erhitzen und die Medaillons von beiden Seiten für jeweils 2-3 Minuten goldbraun braten. Aus der Pfanne nehmen und beiseitestellen.

Anschließend zusätzliches Olivenöl in der Pfanne erhitzen, Paprika, Zwiebel und Knoblauch hinzufügen und für 4-5

Minuten andünsten.

Hühnerbrühe und Thymian hinzufügen, die Hitze reduzieren und das Gemüse zugedeckt für 10-15 Minuten köcheln lassen.

Rotweinessig und Paprikapulver unterrühren. Das Paprika-Gemüse mit Salz und Pfeffer abschmecken.

Die Schweinemedaillons unter das Gemüse rühren, kurz warm werden lassen und auf tiefen Tellern anrichten.

Das Gericht mit frischer Petersilie garnieren und mit braunem Reis oder Bohnenpüree servieren.

Mediterrane Rinderhackpfanne „Tomate-Basilikum“

Nährwertangaben pro Portion

Kcal:	226 kcal
Kohlenhydrate:	6 g
Fett:	12,5 g
Eiweiß:	26 g

Zutaten für 3-4 Portionen

500 g	Rinderhackfleisch
n.B.	Salz und Pfeffer
½	Zwiebel, gewürfelt
2 Tl	Dijon-Senf
250 g	Champignons, geviertelt
200 g	Kirschtomaten, halbiert
1	Grüne Paprika, in Streifen geschnitten
75 g	Frischer Basilikum, kleingehackt
n.B.	Olivenöl

Zubereitung

Eine große, beschichtete Pfanne erhitzen und das Rinderhackfleisch in die Pfanne geben. Salzen und pfeffern und anschließend für 2-3 Minuten unter ständigem Rühren goldbraun braten.

Zwiebel, Champignons, Knoblauch und Senf unter das Hackfleisch rühren und für 2-3 Minuten mitbraten.

Kirschtomaten und grüne Paprika unterrühren. Für weitere 2-3 Minuten braten, bis das Fleisch vollständig goldbraun und das Gemüse weich ist.

Die Rinderhackpfanne mit frischem Basilikum, Salz und Pfeffer abschmecken, auf tiefen Tellern anrichten und umgehend servieren.

Burger „Buffalo Style“ mit Blauschimmelkäse

Nährwertangaben pro Portion

Kcal:	345 kcal
Kohlenhydrate:	30 g
Fett:	13 g
Eiweiß:	29 g

Zutaten für 4 Portionen

450 g	Rinderhackfleisch
¼ Tl	Salz
½ Tl	Schwarzer Pfeffer
1 Tl	Knoblauchpulver
1 Tl	Zwiebelgranulat
1 Tl	Worcestershiresauce
65 ml	Chilli-Sauce
6 El	Blauschimmelkäse, zerkrümelt
4	Vollkornbrötchen

Für den Belag:

1	Zwiebel, in Scheiben geschnitten
Einige	Eisberg-Salatblätter
1	Tomate, in Scheiben geschnitten

Zubereitung

Rinderhackfleisch, Salz, Pfeffer, Knoblauchpulver, Zwiebelgranulat, Worcestershiresauce und Chili-Sauce in einer Rührschüssel zu einer glatten Hackmasse verarbeiten.

Aus der Masse vier gleich große Burger-Patties formen und

in jedes der vier Patties einen Esslöffel Blauschimmelkäse drücken.

Olivenöl in einer Pfanne erhitzen und die Patties von beiden Seiten für 3-4 Minuten goldbraun braten.

Jedes Vollkornbrötchen mit einem Pattie, einem halben Teelöffel Blauschimmelkäse, Zwiebeln, Eisbergsalat und einer Tomatenscheibe belegen und die Burger umgehend servieren.

Zucchini-Nudeln „Zoodles Bolognese“

Nährwertangaben pro Portion

Kcal:	235 kcal
Kohlenhydrate:	22 g
Fett:	12,9 g
Eiweiß:	13 g

Zutaten für 4 Portionen

1 El	Olivenöl
1	Zwiebel, gewürfelt
1	Karotte, in feine Scheiben geschnitten
1 Stange	Sellerie, gewürfelt
2 Zehen	Knoblauch, gepresst
350 g	Rinderhackfleisch
2 El	Tomatenmark
100 ml	Rotwein
400 g	Gestückelte Tomaten, aus der Dose
1 Tl	Oregano, getrocknet
4	Zucchini

Außerdem:

Spiralschneider oder Julienne-Messer

Zubereitung

Olivenöl in einer hohen Pfanne oder einem Topf erhitzen und Zwiebel, Karotte, Sellerie und Knoblauch hinzufügen. Alles gut verrühren und für 12-15 Minuten bei mittlerer Hitze weich kochen.

Das Rinderhackfleisch zum Gemüse geben und unterrühren. Für 3-4 Minuten goldbraun braten.

Das Tomatenmark unterrühren und die Gemüse-Hackmischung aufkochen lassen, anschließend mit Rotwein, gestückelten Tomaten, Oregano und 150 Mililiter Wasser ablöschen. Die Bolognese mit Salz und Pfeffer abschmecken und zugedeckt für 35-40 Minuten bei schwacher Hitze köcheln lassen.

Die Zucchini mithilfe eines Spiralschneiders oder Julienne-Messers zu „Spaghetti" schneiden und für 2-3 Minuten in kochendem Salzwasser gar kochen.

Das Kochwasser abgießen, die Zucchini-Nudeln auf tiefen Tellern anrichten und die Bolognese über den Nudeln verteilen. Nach Belieben mit frischem Grana Padano servieren.

Tatar-Cevapcici mit hausgemachtem Tzaziki und Tomaten

Nährwertangaben pro Portion

Kcal:	390 kcal
Kohlenhydrate:	11,8 g
Fett:	16 g
Eiweiß:	22,3 g

Zutaten für 2 Portionen

Für die Cevapcici:

125 g	Mageres Rinderhackfleisch (Tatar)
1 Zehe	Knoblauch, gepresst
½	Zwiebel, fein gewürfelt
25 g	Magerquark
n.B.	Salz und schwarzer Pfeffer
n.B.	Chiliflocken
½ Tl	Olivenöl

Für das hausgemachte Tzaziki:

250 g	Salatgurke
100 g	Magerquark
50 g	Griechischer Joghurt
n.B.	Salz und schwarzer Pfeffer
1 Zehe	Knoblauch, gepresst
Etwas	Zitronensaft, frisch gepresst

200 g	Kirschtomaten, halbiert

1 Frühlingszwiebel, in dünne Ringe geschnitten

Zubereitung

Für das Tzaziki:

Die Salatgurke halbieren, die Kerne auskratzen. Die Gurke raspeln und kräftig salzen. Die Gurkenraspeln für circa 10 Minuten ziehen lassen, anschließend kräftig ausdrücken und mit Magerquark, Joghurt, Salz, Pfeffer, Knoblauch und Zitronensaft in einer kleinen Schüssel vermengen. Das Tzaziki kalt stellen.

Rindfleisch, Knoblauch, Zwiebel und Magerquark in einer Rührschüssel zu einer glatten Masse verarbeiten. Mit Salz, Pfeffer und Chiliflocken würzen. Aus der Masse drei dünne, längliche Röllchen formen, diese mit Frischhaltefolie umwickeln und kalt stellen.

Olivenöl in einer Pfanne erhitzen und die Röllchen von allen Seiten goldbraun braten.

Kirschtomaten und Frühlingszwiebeln auf einem Teller anrichten, salzen und pfeffern. Cevapcici-Röllchen dazulegen und mit dem gekühlten Tzaziki genießen.

Türkische Rinderhackbällchen

Nährwertangaben pro Portion

Kcal:	148 kcal
Kohlenhydrate:	12 g
Fett:	15,2 g
Eiweiß:	10 g

Zutaten für 8 Portionen

1	Zwiebel
2 Stangen	Sellerie
500 g	Rinderhackfleisch
2 Tl	Kreuzkümmel
1 Bund	Frischer Koriander, kleingehackt
Schale einer	Bio-Zitrone
1	Ei
3 El	Paniermehl
1 El	Olivenöl
1 Zehe	Knoblauch, gepresst
550 g	Gestückelte Tomaten, aus der Dose
n.B.	Salz und schwarzer Pfeffer

Zubereitung

Zwiebel und Sellerie in einen Mixer geben und auf höchster Stufe zu einer feinen Paste verarbeiten.

Rinderhackfleisch, Kümmel, Koriander, Zitronenschale, Ei, Paniermehl und zwei Esslöffel der Sellerie-Paste in einer Rührschüssel gründlich vermengen. Die Masse mit Salz und Pfeffer abschmecken.

Aus der Hackmasse circa 10-12 gleichmäßige Bällchen formen.

Olivenöl in einer Pfanne erhitzen und die Bällchen für 3-4 Minuten rundherum goldbraun braten. Bällchen aus der Pfanne nehmen und warm stellen.

Etwas mehr Olivenöl in der Pfanne erhitzen, den Rest der Sellerie-Paste scharf anbraten, Knoblauch und gestückelte Tomaten hinzufügen und aufkochen lassen. Die Hitze reduzieren und die Tomatensauce zugedeckt für 10-15 Minuten köcheln lassen. Mit Salz und Pfeffer abschmecken.

Die Fleischbällchen zurück in die Pfanne geben, unter die Tomatensauce rühren und warm werden lassen.

Das Gericht auf tiefen Tellern anrichten und heiß servieren.

Saftige Fleischbällchen „Italia“ im Wrap

Nährwertangaben pro Portion

Kcal:	329 kcal
Kohlenhydrate:	31 g
Fett:	7 g
Eiweiß:	37 g

Zutaten für 4 Portionen

450 g	Putenhackfleisch
100 g	Vollkorn-Paniermehl
½	Zwiebel, fein gewürfelt
75 g	Parmesan, gerieben
1	Ei
1 El	Knoblauch, gepresst
1 Tl	Italienische Kräuter
1 Tl	Zitronenschale einer Bio-Zitrone
½ Tl	Meersalz
½ Tl	Schwarzer Pfeffer
250 ml	Tomatensauce, light
6	Vollkornwraps
1	Grüne Paprika, in feine Streifen geschnitten
2	Tomaten, gewürfelt
Einige	Grüne Chilischoten, entkernt und kleingehackt

Zubereitung

Den Backofen auf 220° C vorheizen und ein Backblech mit Backpapier auslegen.

Putenhackfleisch, Paniermehl, Zwiebel, Parmesan, Ei, Knoblauch, Petersilie, italienische Kräuter, Zitronenschale, Salz und Pfeffer in eine große Rührschüssel geben und zu einer glatten Masse verarbeiten.

Mithilfe eines Teelöffels 22-24 kleine Fleischbällchen aus der Hackmasse formen und die Fleischbällchen gleichmäßig auf dem mit Backpapier ausgelegten Backblech verteilen.

Über jedem Fleichbällchen einen Teelöffel der Tomatensauce verteilen und die Fleischbällchen für 15-18 Minuten goldbraun backen.

Jeden der Wraps mit zwei Esslöffeln Tomatensauce bestreichen und mit vier Fleischbällchen belegen. Grüne Paprika, Tomaten und Chili über den Fleischbällchen verteilen und die Wraps mit Käse nach Wahl und frischer Petersilie servieren.

Scharfe Asia-Wokpfanne mit Entenbrust und grünem Gemüse

Nährwertangaben pro Portion

Kcal:	160 kcal
Kohlenhydrate:	8,9 g
Fett:	4,3 g
Eiweiß:	22 g

Zutaten für 2 Portionen

1 El	Erdnussöl
2	Entenbrüste, ohne Haut
1	Rote Chilischote, entkernt und kleingehackt
6	Frühlingszwiebeln, in feine Ringe geschnitten
500 g	Pak Choi, in Scheiben geschnitten
1 Tl	Sojasauce
1 El	Honig
2 El	Austernsauce
1 Tl	Stärkemehl

Zubereitung

Erdnussöl in einem Wok erhitzen. Die Entenbrüste vorsichtig in das Öl tauchen und für 2-3 Minuten frittieren. Das Fleisch anschließend aus dem Wok nehmen und beiseitestellen.

Chili, die Hälfte der Frühlingszwiebeln sowie Pak Choi in den Wok geben und für 4-5 Minuten kochen, bis der Pak Choi gar ist.

Soja- und Austernsauce sowie Honig unterrühren und die Entenbrust zurück in den Wok geben. Für 1-2 Minuten köcheln lassen.

Das Stärkemehl in einer kleinen Schüssel mit zwei Esslöffeln kaltem Wasser verrühren und unter ständigem Rühren zu den restlichen Zutaten geben. Die Sauce sollte andicken und einen charakteristischen Glanz entwickeln.

Die Wokpfanne auf tiefen Tellern anrichten, mit dem Rest der Frühlingszwiebeln garnieren und heiß servieren.

Saftige Lamm-Köfte auf Kohlsalat

Nährwertangaben pro Portion

Kcal:	272 kcal
Kohlenhydrate:	8,7 g
Fett:	15,6 g
Eiweiß:	23,8 g

Zutaten für 2 Portionen

400 g	Lammhackfleisch
½	Rote Zwiebel, fein gewürfelt
1 Tl	Kreuzkümmel
1 Tl	Schwarzer Pfeffer
½	Zitrone, ausgepresst
½ Bund	Frische Minze, kleingehackt
½ Bund	Frische Petersilie, kleingehackt
100 ml	Naturjoghurt, light
100 g	Rosenkohl
200 g	Grünkohl
Etwas	Sonnenblumenöl
2	Fladenbrote (optional)

Zubereitung

Lammhackfleisch, Zwiebel, die Hälfte des Kümmels, Pfeffer, die Hälfte des Zitronensafts, Minze und Petersilie in einer großen Rührschüssel zu einer glatten Masse verarbeiten. Für circa 55-60 Minuten kalt stellen und ruhen lassen.

Aus der Lammhack-Masse 10-12 kleine Köfte formen.

Naturjoghurt mit dem Rest des Kümmels und des Zitronensafts in einer kleinen Schüssel verrühren.

Salzwasser in einem Topf zum Kochen bringen und den Rosenkohl für 5-6 Minuten blanchieren. Nach der Hälfte der Kochzeit den Grünkohl hinzufügen. Das Kochwasser abgießen und das Gemüse beiseitestellen.

Sonneblumenöl in einer Pfanne erhitzen und die Köfte von allen Seiten für 2-3 Minuten goldbraun braten.

Die Köfte mit Rosen- und Grünkohl anrichten und mit dem würzigen Joghurt und frischem Fladenbrot servieren.

KAPITEL 5

FISCH & MEERESFRÜCHTE

Heilbuttfilets aus dem Bräter in marokkanischer Chermoula-Marinade

Nährwertangaben pro Portion

Kcal:	240 kcal
Kohlenhydrate:	13,5 g
Fett:	9,9 g
Eiweiß:	23,2 g

Zutaten für 2 Portionen

Etwas	Olivenöl
700 g	Heilbuttfilets
2	Zwiebeln, gewürfelt
Etwas	Ingwer
1 Prise	Safran
Schale einer	Bio-Zitrone
1 El	Tomatenmark
350 ml	Gemüsebrühe
250 g	Kartoffeln, gekocht und geviertelt
8-10	Kirschtomaten, halbiert

Für die Chermoula-Marinade:

1 Bund	Frischer Koriander
2 Tl	Paprika, edelsüß
1 Tl	Kreuzkümmel
1 Tl	Koriander, getrocknet
2	Zitronen, ausgepresst
2 Zehen	Knoblauch

Zubereitung

Drei Esslöffel Olivenöl, Koriander, Paprikapulver, Kümmel, getrockneten Koriander, Zitronensaft, Knoblauch und Salz in einen Mixer geben und auf höchster Stufe verblenden.

Die Heilbuttfilets mit der Hälfte der Chermoula-Marinade in einen ZIP-Beutel füllen und für 30-60 Minuten marinieren.

Olivenöl in einer großen Pfanne erhitzen und Zwiebeln und Ingwer darin andünsten. Für 4-5 Minuten weich kochen. Safran, den Rest der Chermoula-Marinade, Zitronenschale, Tomatenmark und Gemüsebrühe hinzufügen, aufkochen lassen, die Hitze reduzieren und die Sauce für 10-12 Minuten köcheln lassen.

Fisch, Kartoffeln und Tomaten in die Sauce geben und für weitere 5 Minuten köcheln lassen, bis der Fisch durch ist. Mit Zitronensaft und Salz abschmecken.

Den Heilbutt umgehend mit frischem Koriander, Couscous und Harissa servieren.

Spanische Fischpfanne mit grünen Bohnen

Nährwertangaben pro Portion

Kcal:	216 kcal
Kohlenhydrate:	19 g
Fett:	11,2 g
Eiweiß:	16,4 g

Zutaten für 1 Portion

100 g	Fenchel, gewürfelt
1 El	Olivenöl
1 Tl	Paprika, edelsüß
125 ml	Tomatensauce, light
125 ml	Gemüsebrühe
100 g	Kabeljaufilet
75 g	Riesengarnelen
1	Bio-Zitrone
40 g	Grüne Bohnen
85 g	Blumenkohl, in Röschen zerteilt
Etwas	Frischer Basilikum, kleingehackt

Zubereitung

Olivenöl in einer großen Pfanne erhitzen und den Fenchel für 5-6 Minuten darin andünsten, bis er gar ist.

Paprikapulver, Tomatensauce und Gemüsebrühe hinzufügen, aufkochen lassen, die Hitze reduzieren und die Sauce für 5-6 Minuten köcheln lassen.

Kabeljaufilet und Riesengarnelen unter die Sauce rühren und für weitere 10 Minuten köcheln, bis der Fisch durch ist.

Die Fischpfanne mit Salz; Pfeffer, Zitronensaft und Zitronenschale würzen.

Salzwasser in einem kleinen Topf zum Kochen bringen und die grünen Bohnen für 5-6 Minuten gar kochen. Das Kochwasser abgießen.

Den Blumenkohl in einen Mixer geben und auf hoher Stufe zerkleinern. Das Blumenkohl-Couscous mit Zitronensaft abschmecken.

Blumenkohl-Couscous, grüne Bohnen und die Fischpfanne auf Tellern anrichten, mit frischem Basilikum garnieren und servieren.

Fisch-Pie mit Riesengarnelen und Gemüse

Nährwertangaben pro Portion

Kcal:	230 kcal
Kohlenhydrate:	29,5 g
Fett:	22 g
Eiweiß:	18,7 g

Zutaten für 4 Portionen

300 g	Knollensellerie, geschält und gewürfelt
125 g	Blumenkohl
200 g	Schellfisch, geräuchert
200 g	Schellfisch, gefroren
85 g	Riesengarnelen
100 ml	Milch, fettreduziert
1 El	Speisestärke
2 El	Magerquark
30 g	Babyspinat
1 El	Frische Petersilie, kleingehackt
Schale einer	Bio-Zitrone
1 Stange	Lauch
50 g	Gouda, gerieben

Zubereitung

Den Backofen auf 160° C vorheizen.

Salzwasser in einem Topf zum Kochen bringen und den Knollensellerie für 6-7 Minuten gar kochen. Das Kochwasser abgießen, Knollensellerie in einen Mixer geben und fein pürieren. Blumenkohl hinzufügen und auf höchster

Stufe verblenden/ pürieren. Das Püree mit Salz und Pfeffer abschmecken und beiseitestellen.

Schellfisch und Riesengarnelen auf vier ofenfeste Pie-Förmchen aufteilen.

Die Milch in einem Topf zum Kochen bringen.

Speisestärke mit 100 Mililitern Wasser verrühren und unter ständigem Rühren zur Milch geben.

Die Hitze reduzieren, Magerquark, Babyspinat, Petersilie, Zitronenschale und schwarzen Pfeffer einrühren und die Sauce andicken lassen. Die Sauce anschließend gleichmäßig über dem Fisch in den Förmchen verteilen.

Den Lauch dämpfen und anschließend in feine Ringe schneiden.

Lauch, Püree und Gouda über den Fisch-Pies verteilen und die Pies für 35-40 Minuten goldbraun backen. Heiß servieren.

Fisch-Burger „Surf & Turf" an Paprika-Mayonnaise

Nährwertangaben pro Portion

Kcal:	246 kcal
Kohlenhydrate:	1,9 g
Fett:	16,3 g
Eiweiß:	22,8 g

Zutaten für 4 Portionen

Für die Paprika-Mayonnaise:

5 El	Salatmayonnaise
½ Zehe	Knoblauch, gepresst
1 Tl	Paprika, edelsüß
1	Limette, ausgepresst

Für die Fisch-Patties:

1 Tl	Paprika, edelsüß
1 Tl	Zwiebelsalz
1 Tl	Knoblauchsalz
1 Tl	Brauner Zucker
½ Tl	Selleriesamen
4	Weißfischfilets
4	Vollkornbrötchen
4 Blätter	Römersalat
1	Fleischtomate, in Scheiben geschnitten
1	Rote Zwiebel, in Scheiben geschnitten

Zubereitung

Salatmayonnaise, Knoblauch, Paprikapulver und Limettensaft in einer kleinen Schüssel verrühren. Nach Belieben mit Salz und Pfeffer abschmecken.

Paprikapulver, Zwiebel- und Knoblauchsalz, Selleriesamen und braunen Zucker in einer kleinen Schüssel verrühren und über die Weißfischfilets streuen. Sie sollten vollständig bedeckt sein.

Eine Grillpfanne erhitzen und die Fischfilets von beiden Seiten für 2-3 Minuten goldbraun braten.

Jeweils einen Esslöffel der Paprika-Mayonnaise auf den unteren Hälften der Vollkornbrötchen verteilen und die Brötchen mit Salat, Tomate, Zwiebel und jeweils einem Fischfilet belegen. Die andere Brötchenhälfte darüberlegen und die Fisch-Burger umgehend servieren.

Schnell & Einfach: Garnelen-Curry

Nährwertangaben pro Portion

Kcal:	222 kcal
Kohlenhydrate:	13 g
Fett:	4,5 g
Eiweiß:	21 g

Zutaten für 2 Portionen

2 El	Currypaste
2 El	Kaltes Wasser
1	Rote Zwiebel
1	Rote Paprika
1	Rote Chilischote
1 El	Mango-Chutney
3	Tomaten
150 ml	Kokosmilch
200 g	Riesengarnelen, geschält
100 g	Babyspinat
n.B.	Frischer Koriander, kleingehackt
n.B.	Limettensaft, frisch gepresst

Zubereitung

Die Zwiebel schälen und fein würfeln. Paprika waschen und in feine Streifen schneiden. Chilischote längs halbieren, entkernen und kleinhacken. Die Tomaten waschen und würfeln.

Eine große Pfanne erhitzen und Currypaste, Wasser, Zwiebel, Chili und Paprika in die Pfanne geben. Das Gemüse für 4-5 Minuten weich kochen.

Mango-Chutney, Tomaten und Kokosmilch hinzufügen und unterrühren. Für weitere 3 Minuten köcheln lassen.

Riesengarnelen und Babyspinat zu den restlichen Zutaten geben und für weitere 1-2 Minuten köcheln lassen, bis der Spinat in sich zusammenfällt.

Das Garnelen-Curry auf tiefen Tellern anrichten, mit Koriander und Limettensaft garnieren und servieren.

KAPITEL 6

VEGETARISCHE LECKEREIEN & CURRYS

Auberginen-Curry in cremiger Kokos-Erdnusssauce

Nährwertangaben pro Portion

Kcal:	251 kcal
Kohlenhydrate:	17 g
Fett:	15,5 g
Eiweiß:	5,5 g

Zutaten für 2 Portionen

Etwas	Sonnenblumenöl
2	Auberginen, gewürfelt
2	Zwiebeln, fein gewürfelt
2 Zehen	Knoblauch, gepresst
Etwas	Ingwer, gerieben
1 Tl	Kreuzkümmel
1 Tl	Koriander, getrocknet
1 Tl	Kurkuma
½ Tl	Chiliflocken
400 ml	Kokosmilch
1 El	Tamarindenpaste
1 El	Erdnussbutter
n.B.	Pita-Brot oder Reis

Zubereitung

Sonnenblumenöl in einer Pfanne erhitzen und die Auberginenwürfel für 3-4 Minuten goldbraun braten, bis sie weich sind. Auberginen aus der Pfanne nehmen und beiseitestellen.

Zwiebel in die Pfanne geben und für 2-3 Minuten glasig dünsten. Knoblauch und Ingwer hinzufügen und für weitere 2 Minuten dünsten. Kreuzkümmel, Koriander, Kurkuma, Chiliflocken unter die Zwiebeln rühren und für 3-4 Minuten mitdünsten.

Kokosmilch, Tamarindenpaste und Erdnussbutter unterrühren, bis sich die Erdnussbutter vollständig aufgelöst hat.

Die Auberginen zurück in die Pfanne geben und das Curry für 15-17 Minuten köcheln lassen. Ab und zu umrühren.

Das Auberginen-Curry auf tiefen Tellern anrichten und mit Pita-Brot oder braunem Reis servieren.

Lasagne-Röllchen mit Gemüsefüllung

Nährwertangaben pro Portion

Kcal:	280 kcal
Kohlenhydrate:	35 g
Fett:	9 g
Eiweiß:	17 g

Zutaten für 4 Portionen

8	Vollkorn-Lasagneplatten
1 Tl	Olivenöl
225 g	Pilze, aus der Dose
½	Zwiebel, fein gehackt
1 Tl	Knoblauch, gepresst
300 ml	Tomatensauce, light
300 g	Gestückelte Tomaten, aus der Dose
½ Tl	Basilikum, getrocknet
¼ Tl	Oregano, getrocknet
225 g	Ricotta
125 g	Parmesan, gerieben
1	Ei
¼ Tl	Salz
¼ Tl	Schwarzer Pfeffer
125 g	Babyspinat
100 g	Mozzarella, gerieben

Zubereitung

Den Backofen auf 180° C vorheizen und eine Auflaufform mit Olivenöl einfetten.

Salzwasser in einem großen Topf zum Kochen bringen und die Lasagneplatten nach Packungsanweisung zubereiten. Das Kochwasser abgießen und die Lasagneplatten auf einer Arbeitsfläche ausbreiten. Mit feuchten Küchentüchern abdecken, damit sie nicht austrocknen.

Olivenöl in einer großen Pfanne erhitzen und Pilze, Zwiebel und Knoblauch für 3-4 Minuten dünsten. Das Gemüse aus der Pfanne nehmen und beiseitestellen.

Tomatensauce, gestückelte Tomaten, Basilikum und Oregano in einer großen Rührschüssel verrühren und beiseitestellen.

Ricotta, Parmesan, Ei, Salz und Pfeffer in einer kleinen Schüssel vermengen. Den Babyspinat unterheben, bis der Spinat vollständig mit der Käsemischung bedeckt ist.

Die Hälfte der Tomatensauce auf dem Boden der Form verteilen. Jede Lasagneplatte mit Käse-Mischung und einem Esslöffel der Gemüsefüllung belegen, vorsichtig aufrollen und in der Auflaufform platzieren. Den Rest der Tomatensauce und den Mozzarella über den Röllchen verteilen.

Auflaufform mit Alufolie abdecken und für 25-30 Minuten backen. Die Lasagne-Röllchen heiß servieren.

Linsenauflauf mit frischem Gartengemüse

Nährwertangaben pro Portion

Kcal:	246 kcal
Kohlenhydrate:	27,3 g
Fett:	8 g
Eiweiß:	11 g

Zutaten für 6 Portionen

100 g	Rote Linsen
450 g	Kartoffeln, geschält und geviertelt
1 El	Rapsöl
1-2	Zwiebeln, fein gewürfelt
2	Karotten, in feine Scheiben geschnitten
2	Pastinaken, gewürfelt
2 Stangen	Sellerie, in feine Scheiben geschnitten
2 Zehen	Knoblauch, kleingehackt
1 l	Gemüsebrühe
2 El	Tomatenmark
4 El	Milch, fettreduziert
2 El	Olivenöl
3 El	Frische Petersilie, kleingehackt

Zubereitung

Den Backofen auf 200° C vorheizen.

Rote Linsen in eine hohe Pfanne geben und mit Salzwasser auffüllen. Das Wasser aufkochen lassen und die Linsen zugedeckt für circa 15-20 Minuten köcheln lassen.

Salzwasser in einem separaten Topf aufkochen lassen und die Kartoffeln für 15-20 Minuten gar kochen.

Rapsöl in einer Pfanne erhitzen und die Zwiebeln in 4-5 Minuten glasig dünsten. Karotten, Pastinaken, Sellerie und Knoblauch hinzufügen und für weitere 5 Minuten mitdünsten.

Tomatenmark unter das Gemüse rühren, die Gemüsebrühe unter ständigem Rühren in die Pfanne gießen und das Gartengemüse für 20 Minuten köcheln lassen.

Das Kochwasser der Kartoffeln abgießen und die Kartoffeln vorsichtig unter das restliche Gemüse rühren.

Milch und Olivenöl unterrühren.

Das Kochwasser der Linsen abgießen, die Linsen unter die restlichen Zutaten mengen und die Mischung gleichmäßig in einer Auflaufform verteilen.

Den Linsenauflauf für 20 Minuten backen, mit frischer Petersilie garnieren und heiß servieren.

Indisches Erbsen-Dal mit geröstetem Blumenkohl

Nährwertangaben pro Portion

Kcal:	142 kcal
Kohlenhydrate:	14,9 g
Fett:	7 g
Eiweiß:	12,8 g

Zutaten für 2 Portionen

50 g	Gelbe Erbsen
1 Zehe	Knoblauch
1 El	Frischer Ingwer, gerieben
¼ Tl	Kurkuma
1	Lorbeerblatt
125 g	Blumenkohl, in Röschen zerteilt
6	Kirschtomaten
¼ Tl	Kreuzkümmel
¼ Tl	Chiliflocken
¼	Zwiebel
1 El	Olivenöl

Zubereitung

Den Backofen auf 200° C vorheizen.

400 Mililiter kochendes Wasser in eine hohe Pfanne füllen. Erbsen, Knoblauch, Ingwer, Kurkuma und das Lorbeerblatt in das Wasser geben und umrühren. Die Zutaten anschließend aufkochen, die Hitze reduzieren und die Erbsen zugedeckt für 35-40 Minuten köcheln lassen.

Blumenkohl, Kirschtomaten, Kümmel, Chiliflocken und

Zwiebel in eine Auflaufform füllen und gründlich vermengen.

Das Gemüse mit etwas Olivenöl beträufeln und für 20 Minuten goldbraun backen.

Die Erbsen sollten die Flüssigkeit inzwischen vollständig aufgesaugt haben und angedickt sein. Erbsenpüree gründlich umrühren und nach Belieben mit Salz und Pfeffer würzen.

Das Erbsen-Dal gleichmäßig auf zwei Schüsselchen aufteilen, das geröstete Gemüse darauf verteilen und heiß servieren.

Schnelle Fladenbrotpizza mit Zucchini, Chilli und frischer Minze

Nährwertangaben pro Portion

Kcal:	292 kcal
Kohlenhydrate:	43 g
Fett:	1,3 g
Eiweiß:	11 g

Zutaten für 4 Portionen

4	Kleine Fladenbrote
Etwas	Olivenöl
2	Zucchini
1 Zehe	Knoblauch
1	Rote Chilischote
1 Ball	Mozzarella
Etwas	Frische Minze, kleingehackt

Zubereitung

Den Backofen auf 200° C vorheizen.

Die Fladenbrote von beiden Seiten mit etwas Olivenöl einpinseln und für 1-2 Minuten pro Seite backen.

Zucchini waschen und in feine Scheiben schneiden. Knoblauch und Chili kleinhacken. Den Mozzarella in dünne Scheiben schneiden.

Zucchini, Knoblauch und Chili in einer kleinen Schüssel vermengen und einen Esslöffel Olivenöl unterrühren.

Das Gemüse auf den Fladenbroten verteilen, den Mozzarella über das Gemüse legen und die Fladenbrote für weitere 5-6 Minuten backen, bis der Käse geschmolzen ist.

Die Fladenbrotpizzen nach Bedarf mit Salz und Pfeffer würzen, mit frischer Minze und einem Schuss Olivenöl garnieren und servieren.

Italienischer Penne-Auflauf mit dreierlei Käse

Nährwertangaben pro Portion

Kcal:	284 kcal
Kohlenhydrate:	44 g
Fett:	7 g
Eiweiß:	16,3 g

Zutaten für 4 Portionen

375 g	Vollkorn-Penne
1 Tl	Olivenöl
½	Zwiebel, fein gewürfelt
1 Tl	Knoblauch, gepresst
350 ml	Tomatensauce, light
½ Tl	Basilikum, getrocknet
½ Tl	Oregano, getrocknet
¼ Tl	Salz
¼ Tl	Schwarzer Pfeffer
120 g	Hüttenkäse
120 g	Ricotta
200 g	Mozarella, gerieben
2 El	Frische Petersilie, kleingehackt

Zubereitung

Den Backofen auf 200° C vorheizen und eine Auflaufform mit Olivenöl einfetten.

Salzwasser in einem großen Topf zum Kochen bringen und die Vollkorn-Penne nach Packungsanweisung zubereiten. Das Kochwasser abgießen und die Pasta beiseitestellen.

Olivenöl in einer Pfanne erhitzen und Zwiebeln und Knoblauch in 3-5 Minuten glasig dünsten.

Die Hitze reduzieren und die Tomatensauce in die Pfanne geben. Basilikum, Oregano, Salz und schwarzen Pfeffer unterrühren. Die Tomatensauce zugedeckt für 5-7 Minuten köcheln lassen. Ab und zu umrühren.

Hüttenkäse, Ricotta und Mozzarella in einer kleinen Schüssel verrühren.

Die Tomatensauce von der Herdplatte nehmen und die Pasta unterrühren.

Pasta mit Tomatensauce in die Auflaufform füllen und gleichmäßig verteilen. Die Käse-Mischung über die Nudeln streuen.

Den Penne-Auflauf für 18-20 Minuten backen, bis der Käse geschmolzen ist. Mit frischer Petersilie garnieren und heiß servieren.

Veggie-Burger mit Kichererbsen-Reis-Patties

Nährwertangaben pro Portion

Kcal:	236 kcal
Kohlenhydrate:	28 g
Fett:	10 g
Eiweiß:	8,4 g

Zutaten für 4 Portionen

Für die Kichererbsen-Reis-Patties:

300 g	Kichererbsen, gekocht
200 g	Brauner Reis, gekocht
1	Schalotte
1 Zehe	Knoblauch
2 El	Frische Petersilie, kleingehackt
n.B.	Salz und schwarzer Pfeffer

2 El	Olivenöl
n.B.	Senf
1	Rote Zwiebel
Einige	Grillpaprika in Scheiben, aus dem Glas
7-8	Salatblätter nach Wahl

Zubereitung

Kichererbsen und braunen Reis in einer Rührschüssel gründlich vermengen. Schalotten, Knoblauch und Petersilie unterrühren. Mit Salz und Pfeffer abschmecken.

Aus der dicken Masse vier gleichmäßige Burger-Patties

formen.

Olivenöl in einer beschichteten Pfanne erhitzen und die Patties von beiden Seiten für 3-4 Minuten goldbraun braten.

Salatblätter auf Tellern auslegen, mit Senf bestreichen und mit den Kichererbsen-Reis-Patties, Zwiebelscheiben und Grillpaprika belegen. Die Veggie-Burger umgehend servieren.

Gefüllte Auberginen an Quinoa und saisonalem Gemüse

Nährwertangaben pro Portion

Kcal:	299 kcal
Kohlenhydrate:	43 g
Fett:	10,5 g
Eiweiß:	13,4 g

Zutaten für 2 Portionen

250 g	Auberginen
½	Rote Zwiebel, gewürfelt
25 g	Quinoa, gekocht
1	Karotte, in Scheiben geschnitten
1 Stange	Sellerie, in Scheiben geschnitten
1 Tl	Tomatenmark
1 Tl	Olivenöl
40 g	Champignons, in Scheiben geschnitten
1 Zehe	Knoblauch, gepresst
1 Prise	Kurkuma
1 Tl	Kreuzkümmel
½ Tl	Harissa
1 Handvoll	Frischer Koriander, kleingehackt
15 g	Parmesan, gerieben

Zubereitung

Den Backofen auf 175° C vorheizen.

Auberginen halbieren und auf einem mit Backpapier ausgelegten Backblech verteilen. Für 25-30 Minuten backen.

Die Auberginen vollständig abkühlen lassen und den Großteil des Fruchtfleischs mithilfe eines Löffels entnehmen. Das Fruchtfleisch mithilfe einer Gabel zerdrücken.

Olivenöl in einer kleinen Pfanne erhitzen und Zwiebel und Knoblauch für 4-5 Minuten dünsten. Kurkuma, Kümmel, Harissa, Koriander hinzufügen und für weitere 2 Minuten dünsten.

Karotte, Sellerie und Champignons hinzufügen und das Gemüse für weitere 8-10 Minuten bei mittlerer Hitze köcheln lassen.

Quinoa und Tomatenmark unter das Gemüse rühren und mit Salz und Pfeffer abschmecken.

Die halbierten Auberginen gleichmäßig mit der Quinoa-Mischung füllen und mit Parmesan bestreuen.

Gefüllte Auberginen auf einem mit Backpapier ausgelegten Backblech platzieren und für 18-20 Minuten goldbraun backen. Heiß servieren.

Marokkanischer Kartoffeleintopf

Nährwertangaben pro Portion

Kcal:	233 kcal
Kohlenhydrate:	21,3 g
Fett:	8,4 g
Eiweiß:	13 g

Zutaten für 4 Portionen

750 g	Kartoffeln
1 l	Gemüsebrühe
1 El	Olivenöl
1	Rote Zwiebel, fein gewürfelt
2 Zehen	Knoblauch, gepresst
1	Bio-Zitrone, ausgepresst und Schale abgerieben
250 g	Gegrillte Paprika, aus dem Glas
1 Tl	Paprika, edelsüß
1 Tl	Kreuzkümmel
1 Tl	Ingwer, gerieben
2 El	Tomatenmark
1 El	Weißweinessig

Zubereitung

Den Backofen auf 220° C vorheizen.

Kartoffeln und Gemüsebrühe in einem großen Topf zum Kochen bringen. Die Hitze reduzieren und die Kartoffeln anschließend zugedeckt für 10-12 Minuten gar kochen.

Olivenöl in einer hohen, feuerfesten Pfanne erhitzen und Zwiebeln und Knoblauch für 3-4 Minuten dünsten.

Zitronensaft, Zitronenschale, gegrillte Paprika, Paprikapulver, Kümmel, Ingwer, Weißweinessig, Tomatenmark, Salz und Pfeffer hinzufügen und für 2-3 Minuten köcheln lassen.

Gekochte Kartoffeln und 400 Mililiter der Gemüsebrühe in die Pfanne geben und aufkochen lassen.

Die Pfanne in den Ofen stellen und das Gericht für 14-16 Minuten goldbraun backen.

Den marokkanischen Kartoffeleintopf auf tiefen Tellern anrichten und umgehend servieren.

Vegetarische „Banh Mi"-Frühlingsrollen mit Tofu

Nährwertangaben pro Portion

Kcal:	237 kcal
Kohlenhydrate:	37 g
Fett:	4 g
Eiweiß:	11,3 g

Zutaten für 4 Portionen

500 g	Gemüse nach Wahl (Karotten, Rettich, Radieschen usw.)
165 ml	Reisessig
250 ml	Wasser
4-5 Tl	Honig
½ Tl	Meersalz
1	Limette, ausgepresst
250 g	Tofu
1 El	Sojasauce
12 Blätter	Vietnamesisches Reispapier
1 Bund	Koriander
n.B.	Sriracha- oder Chili-Sauce
Etwas	Erdnussbutter

Zubereitung

Den Backofen auf 180° C vorheizen.

Tofu in feine Streifen schneiden und auf ein mit Backpapier ausgelegtes Backblech legen. Das Tofu für 25-30 Minuten goldbraun backen. Mit Sojasauce einstreichen und beiseitestellen.

Reisessig, Wasser, Honig, Salz und Limettensaft in einer kleinen Schüssel gründlich verrühren. Das Dressing kalt stellen.

Gemüse nach Wahl in feine Streifen schneiden und in das Dressing geben. Gründlich verrühren, um es gleichmäßig zu marinieren.

300 Mililiter Wasser zum Kochen bringen und von der Herdplatte nehmen.

Das marinierte Gemüse aus der Marinade nehmen und die Marinade zum späteren Dippen beiseitestellen.

Reispapier kurz in heißes Wasser eintauchen, 3-4 Streifen Tofu drauflegen, mariniertes Gemüse über dem Tofu verteilen, mit 1-2 Teelöffeln Sriracha oder Chili-Sauce und etwas Koriander würzen und die Röllchen einklappen und zusammenrollen.

Mit den restlichen Frühlingsrollen ebenso verfahren.

Mit der restlichen Marinade und etwas Erdnussbutter servieren.

Gefüllte Tomaten mit Butternusskürbis-Risotto

Nährwertangaben pro Portion

Kcal:	241 kcal
Kohlenhydrate:	45.6 g
Fett:	3,7 g
Eiweiß:	4,9 g

Zutaten für 4 Portionen

8	Tomaten
1	Zwiebel, fein gewürfelt
Etwas	Olivenöl
250 g	Butternusskürbis, geschält und gewürfelt
200 g	Risotto-Reis
800 ml	Gemüsebrühe
Einige Blätter	Salbei
2 El	Parmesan, gerieben

Zubereitung

Olivenöl in einer kleinen Pfanne erhitzen und die Zwiebel für 2-3 Minuten goldbraun braten.

Butternusskürbis und Risotto-Reis hinzufügen und gut verrühren. Das Risotto mit der Gemüsebrühe aufgießen und aufkochen lassen.

Die Hitze reduzieren und das Risotto für 20-25 Minuten köcheln lassen, bis die Flüssigkeit fast vollständig vom Reis absorbiert ist.

Salbei unterrühren und das Risotto mit Salz und Pfeffer abschmecken.

Die Tomaten aushöhlen und mit dem Kürbis-Risotto füllen. Mit Parmesan bestreuen.

Die gefüllten Tomaten auf einem mit Backpapier ausgelegten Backblech platzieren und für 5-8 Minuten goldbraun backen. Sofort servieren.

KAPITEL 7

SÜSSE VERFÜHRUNGEN

Tropischer Fruchtsalat

Nährwertangaben pro Portion

Kcal:	100 kcal
Kohlenhydrate:	4 g
Fett:	2,3 g
Eiweiß:	8,2 g

Zutaten für 4 Portionen

1	Papaya
1	Ananas
1	Mango
3	Kiwi
2	Orangen
2	Passionsfrüchte
2 El	Brauner Zucker
1	Bio-Limette

Zubereitung

Das Obst waschen, schälen, entkernen und in mundgerechte Stücke schneiden.

Alle Früchte in eine Salatschüssel füllen und gründlich vermengen.

Die Limette auspressen und die Schale abreiben.

Das Obst mit braunem Zucker bestreuen, Limettensaft- und Schale hinzufügen und unterrühren.

Den Fruchtsalat für mindestens 15-20 Minuten im Kühlschrank kalt stellen und gekühlt servieren.

Der tropische Fruchtsalat ist im Kühlschrank bis zu drei Tage haltbar.

Knusprige Haferflockenriegel mit Bananen und Erdbeer-Topping

Nährwertangaben pro Portion

Kcal:	289 kcal
Kohlenhydrate:	62 g
Fett:	3,2 g
Eiweiß:	6 g

Zutaten für 4 Portionen

Für das Erdbeer-Topping:

330 g	Gefrorene Erdbeeren
1 El	Honig
½	Zitrone, ausgepresst

Für die Haferflockenriegel:

165 g	Haferflocken
1 Tl	Backpulver
2 Tl	Zimt
250 g	Bananen, zerdrückt
2 Tl	Vanilleextrakt
2 El	Honig

Zubereitung

Den Backofen auf 190° C vorheizen und ein Backblech mit Backpapier auslegen.

Gefrorene Erdbeeren, Honig und Zitronensaft in einen

Mixer geben und auf höchster Stufe verblenden. Die Mischung in eine Schüssel füllen und im Kühlschrank kalt stellen.

Die Hälfte der Haferflocken in einen Mixer geben und zerkleinern. Zusammen mit den übrigen Haferflocken, Backpulver, Zimt, Bananen, Vanilleextrakt und Honig in eine Rührschüssel füllen und gut verrühren.

Den Haferflocken-Mix gleichmäßig auf dem Backblech verteilen und leicht festdrücken.

Das Erdbeer-Topping gleichmäßig über dem Haferflocken-Teig verteilen und glatt streichen.

Die Haferflockenriegel für 30-35 Minuten goldbraun backen, aus dem Ofen nehmen und vollständig abkühlen lassen. Anschließend in Riegelform schneiden und genießen

Joghurt-Biskuitrolle mit tropischen Früchten

Nährwertangaben pro Portion

Kcal:	102 kcal
Kohlenhydrate:	21 g
Fett:	7,9 g
Eiweiß:	15 g

Zutaten für 12 Portionen

Für die Biskuitrolle:

5	Eiweiß
150 g	Brauner Zucker
2 Tl	Speisestärke
25 g	Puderzucker

Für die Füllung:

500 g	Griechischer Joghurt
200 g	Mango, gewürfelt
4	Passionsfrüchte, gewürfelt
100 g	Himbeeren, halbiert

Zubereitung

Den Backofen auf 150° C vorheizen und ein tiefes Backblech mit Backpapier auslegen.

Eiweiß in einer großen Rührschüssel steif schlagen. Braunen Zucker und Speisestärke anschließend unter ständigem Rühren hinzufügen.

Den Meringue-Teig gleichmäßig auf dem mit Backpapier ausgelegten Backblech verteilen und glatt streichen. Für 55-60 Minuten backen, anschließend vollständig abkühlen lassen.

Ein Backpapier auf der Arbeitsfläche auslegen und mit Puderzucker bestäuben.

Den Teig vorsichtig aus dem Backblech nehmen und auf das mit Puderzucker bestäubte Backpapier legen.

Griechischen Joghurt, Mango, Passionsfrucht und Himbeeren gleichmäßig auf dem Teig verteilen.

Den Teig vorsichtig aufrollen, mit Puderzucker bestäuben und die Biskuitrolle gekühlt servieren.

Frozen Yoghurt mit Kokosnuss und Beeren der Saison

Nährwertangaben pro Portion

Kcal:	135 kcal
Kohlenhydrate:	5,9 g
Fett:	4 g
Eiweiß:	6,2 g

Zutaten für 8-10 Portionen

160 g	Kokoscreme
375 g	Griechischer Johurt
3 El	Kokosraspeln
3 El	Honig
300 g	Gefrorene Beeren (Himbeeren, Erdbeeren usw.)

Zubereitung

Kokoscreme, Joghurt und Honig in einer Rührschüssel glatt rühren. Gefrorene Beeren unterrühren.

Die Mischung in ein gefriergeeignetes Gefäß füllen, mit Kokosraspeln garnieren und für mindestens 4-5 Stunden einfrieren.

Vor dem Servieren kurz antauen lassen.

Vanille-Schichtkuchen mit gelierten Erdbeeren

Nährwertangaben pro Portion

Kcal:	55 kcal
Kohlenhydrate:	5,9 g
Fett:	4 g
Eiweiß:	6,2 g

Zutaten für 10 Portionen

300 g	Erdbeer-Gelatine, instant
75 g	Frische Erdbeeren
4	Gelatine-Blätter
2 Becher	Erdbeer-Joghurt, light (á 175 g)
300 g	Griechischer Joghurt
1 Tl	Vanilleextrakt
2 Tl	Puderzucker

Zubereitung

Eine Kastenform mit Alufolie auslegen.

Die Erbeer-Gelatine nach Packungsanweisung zubereiten.

Die Erdbeeren waschen, abtropfen lassen und vierteln. Erdbeeren auf dem Boden der Kastenform verteilen.

Die fertige Erdbeer-Gelatine gleichmäßig über die Beeren gießen, bis der Boden vollständig bedeckt ist. Die Kastenform in den Kühlschrank stellen und die erste Schicht in 4-5 Stunden erkalten lassen.

Zwei Blätter Gelatine in einer kleinen Schüssel in kaltem

Wasser einweichen. 100 Mililiter kochendes Wasser in eine zweite Schüssel füllen, die Gelatine-Blätter ausdrücken und in das kochende Wasser geben. Die Blätter vollständig auflösen.

Die Erdbeer-Joghurts in eine separate Schüssel geben und die Gelatine unter ständigem Rühren hinzufügen.

Die Joghurt-Schicht gleichmäßig auf der Gelatine-Schicht verteilen, glatt streichen und für weitere 4-6 Stunden kalt stellen.

Die restlichen beiden Gelatine-Blätter auf die gleiche Weise auflösen.

Griechischen Joghurt, Vanilleextrakt und Puderzucker in einer separaten Schüssel verrühren und die aufgelöste Gelatine unter ständigem Rühren hinzufügen.

Die letzte Joghurt-Schicht über der Erdbeer-Joghurt-Schicht verteilen und ebenfalls glatt streichen. Für weitere 4-6 Stunden kalt stellen.

Die Kastenform auf einer Platte stürzen und den Schichtkuchen vorsichtig aus der Form lösen. Gekühlt genießen.

1.Auflage 2016

Lars Tiefel
Libanonstr. 85
70186 Stuttgart